Impressum
Verlag: BABADADA GmbH, Nedderfeld 112 , 22529 Hamburg
Geschäftsführer / Verlagsleitung: Harald Hof
Druck: Books on Demand GmbH, In de Tarpen 42, 22848 Norderstedt

Imprint
Publisher: BABADADA GmbH, Nedderfeld 112 , 22529 Hamburg, Germany
Managing Director / Publishing direction: Harald Hof
Print: Books on Demand GmbH, In de Tarpen 42, 22848 Norderstedt

dibistan

escola

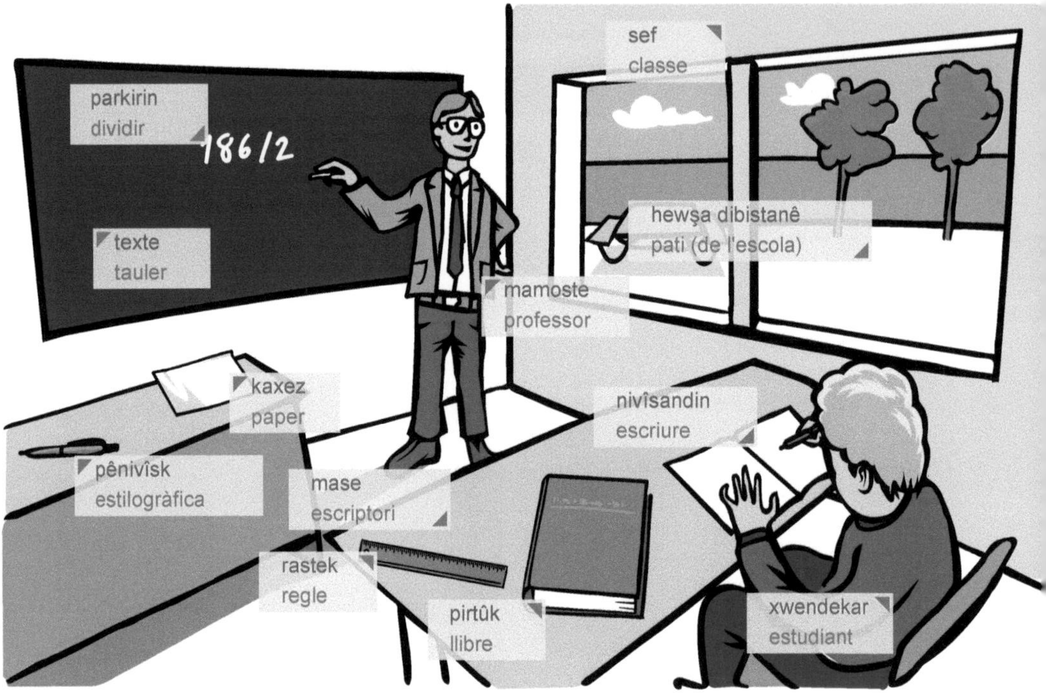

parkirin
dividir
186/2
texte
tauler
sef
classe
hewşa dibistanê
pati (de l'escola)
mamoste
professor
kaxez
paper
nivîsandin
escriure
pênivîsk
estilogràfica
mase
escriptori
rastek
regle
pirtûk
llibre
xwendekar
estudiant

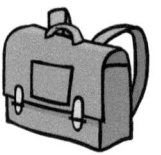

çewal

bossa

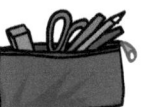

qûtî nivîstok

estoig

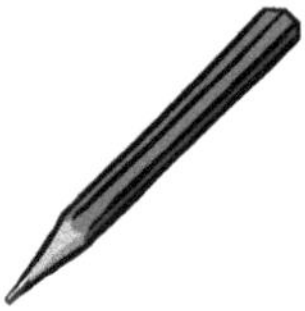

qelemrisas

llapis

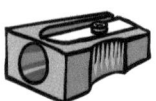

nivîstok tûjkir

maquineta de fer punta

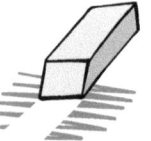

jêbir

goma

nivîska nîgarê

bloc de dibuix

nîgar

dibuix

firçeya rengê

pinzell

qûtî reng

capsa de pintures

meqes

tisores

lezaq

cola

pirtûka fêrbûn

quadern d'exercicis

wezîfa malê

deures

hejmar

nombre

2+2

zêdekirin

afegir

derxistin

sostreure

zêdekirin

multiplicar

hesibandin

calcular

A

tîp

lletra

ABCDEFG
HIJKLMN
OPQRSTU
VWXYZ

alfabe

alfabet

peyv

mot

nivîsê

text

xwandin

llegir

geç

guix

ders

lliçó

qeydkirin

llibre de classe

îmtîhan

examen

şehade

certificat

kinca dibistanê

uniforme escolar

perwerdehî

formació

zanistname

enciclopèdia

zanîngeh

universitat

mîkroskûp

microscopi

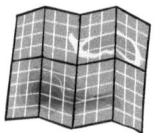

xerîte

mapa

sepeta kaxezê

paperera

rêwêtî
viatge

mêvanxane
hotel
Grand
mêvanxane
alberg
ROOMS
EXCHANGE
ofîsa pere veguhartinê
oficina de canvi
cente
maleta
maşîn
automòbil

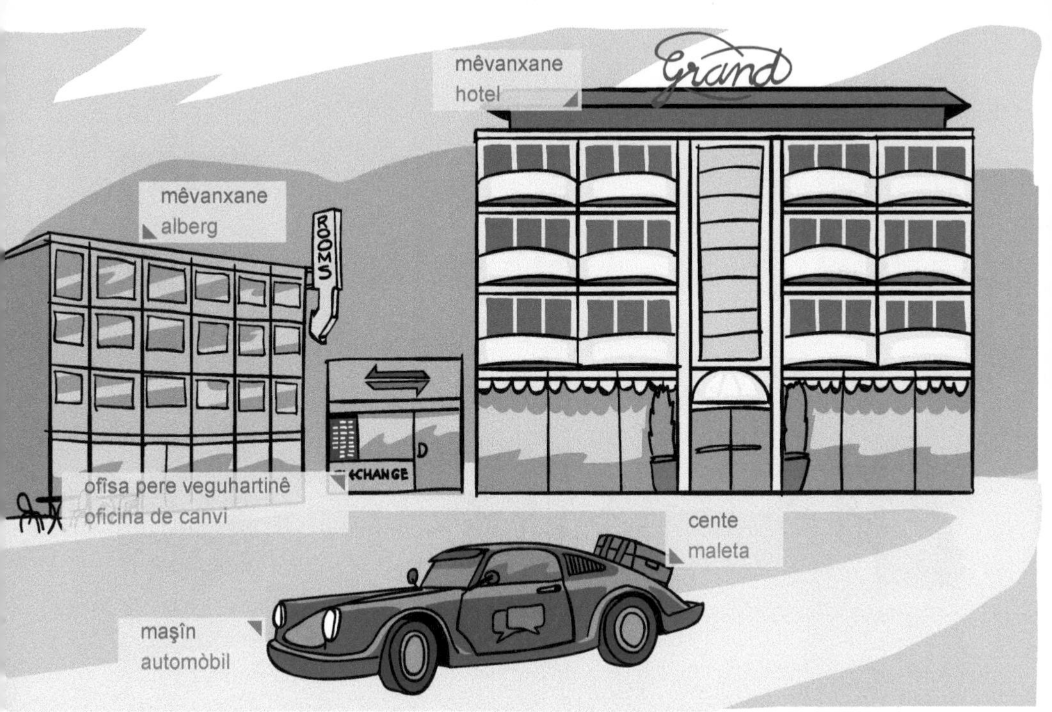

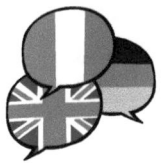

ziman

llengua

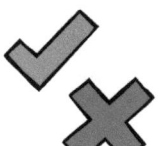

belê / na

sí / no

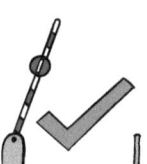

baş

D'acord

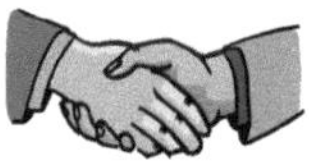

silav

Ey!

wergêra nivîskî

traductora

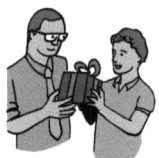

sipas

gràcies

bihayê … çi qase?

Quant costa… ?

ez fam nakim

No entenc

pirsgirêk

problema

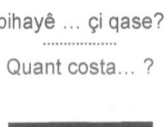

êvarbaş!

Bona nit!

beyanî baş!

bon dia!

şev baş!

bona nit!

xatirê te

fins aviat

alî

direcció

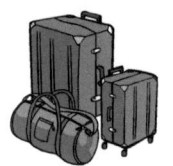

hûrmûr

bagatge

çente

bossa

çente pişt

sarrona

mêvan

convidat

ode

cambra

came xew

sac de dormir

çadir

tenda

agagiyên gerokan

oficina de turisme

rexê avê

platja

kartê qerzê

carta de crèdit

taştê

esmorzar

firavîn

dinar

şîv

sopar

kart

bitllet

asansor

ascensor

pûl

segell

tixûb

frontera

gumirk

duana

balyozxane

ambaixada

vîza

visat

pasaport

passaport

guhaztin

transport

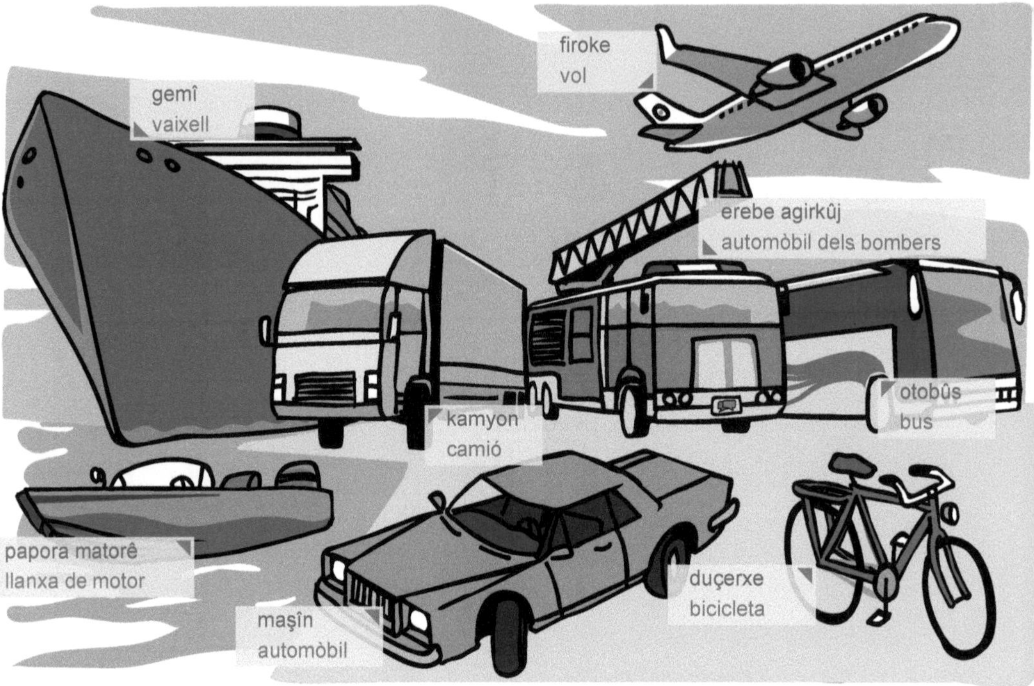

firoke
vol
gemî
vaixell
erebe agirkûj
automòbil dels bombers
otobûs
bus
kamyon
camió
papora matorê
llanxa de motor
duçerxe
bicicleta
maşîn
automòbil

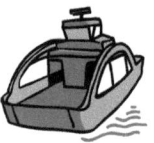

papor
transbordador

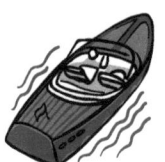

papor
barca

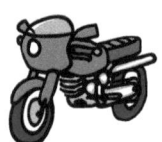

motorsîklêt
moto

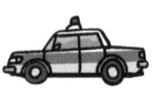

trimbêla polîsê
automòbil de policia

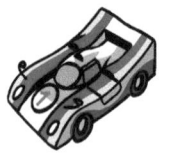

trimbêla pêşbaziyê
automòbil de curses

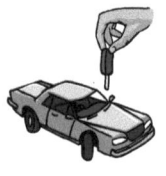

erebe kirêkirinê
automòbil de lloguer

maşîn pervekirin

vehicle compartit

kamyona kişandinê

grua

kamyona xwelî

camió de les escombraries

motorsîklêt

motor

mazot

benzina

îstegeha benzînê

benzineria

tabloya tirafîkê

senyal de trànsit

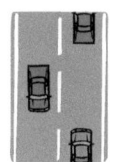

hatinûçûn

trànsit

tirafîk

embús

cihê parkê

aparcament

rawesteka trênê

estació de trens

rêç

vies

trên

tren

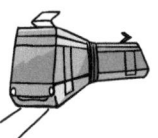

trênê kolanê

tramvia

erebe

vagó

babirok

helicòpter

balafirgeh

aeroport

birc

torre

misafir

passatger

qûtî

contenidor

qûtî

capsa de cartó

girgirok

carretó

selik

cistella

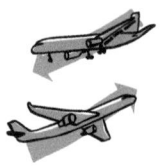

rabûn / nîştin

enlairar-se / aterrar

bajar

ciutat

gund

poble

navenda bajarê

centre de la ciutat

xanî

casa

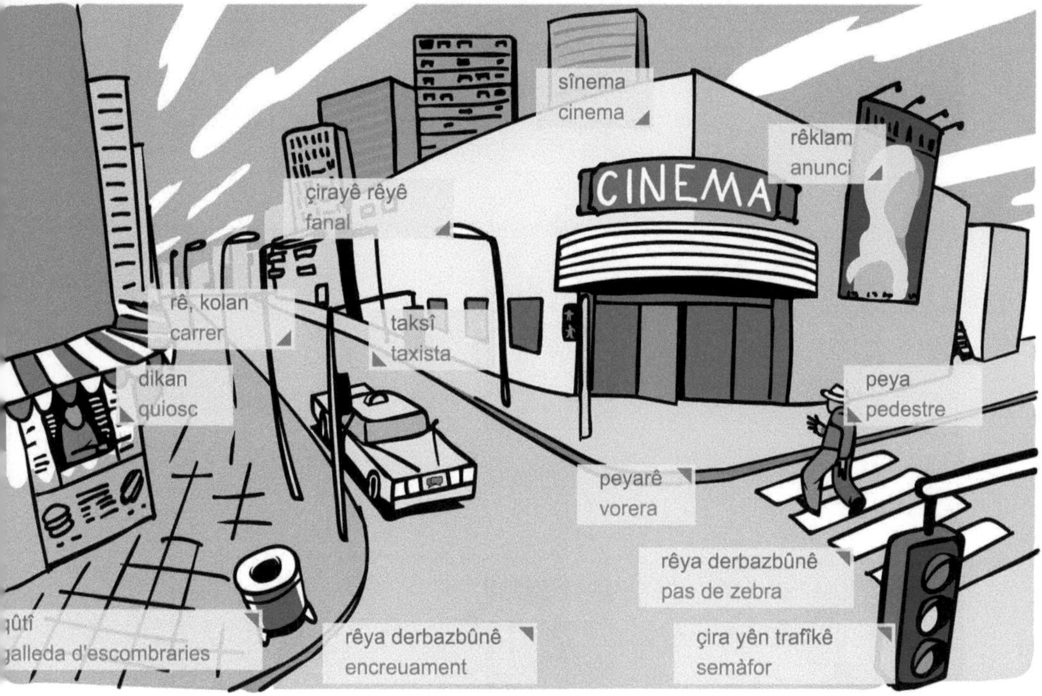

sînema
cinema

rêklam
anunci

çirayê rêyê
fanal

rê, kolan
carrer

taksî
taxista

dikan
quiosc

peya
pedestre

peyarê
vorera

rêya derbazbûnê
pas de zebra

çira yên trafîkê
semàfor

...ûtî
...alleda d'escombraries

rêya derbazbûnê
encreuament

kox

cabana

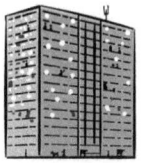

xanî

apartament

rawesteka trênê

estació de trens

telara şarevanî

casa de la vila-ciutat

mûzexane

museu

dibistan

escola

zanîngeh

universitat

bank

banca

nexweşxane

hospital

mêvanxane

hotel

dermanxane

farmàcia

ofîs

oficina

kitêbfiroşî

llibreria

dikan

botiga

gulfiroş

floristeria

bazar

supermercat

bazar

mercat

supermarket

gran magatzem

masîfiroş

peixateria

navenda kirrîn

centre comercial

bender

port

park

parc

sekû

banc

pir

pont

derince

escala

jêr erdê

metro

tunnel

túnel

îstgeha otobûs

parada d'autobús

bar

bar

xwaringeh

restaurant

sindûqa postê

bústia de correu

nîşanderka rêyê

senyal indicador

metra parkîngê

parquímetre

baxça heywanan

zoo

hewza melevanî

piscina

mizgeft

mesquita

cotgeh

granja

lewitandina derdor

pol·lució

goristan

cementiri

kenîse

església

erdê leyistinê

parc infantil

perestgeh

temple

tebîet

paisatge

gela
fulla

nîşanderka rê
cartell indicador

rê
camí

mêrg
prat

kevir
pedra

dar
arbre

gerok
excursionista

çem
riu

giya
gespa

kulîlk
flor

dol
vall

gir
muntanya

gol
llac

daristan
bosc

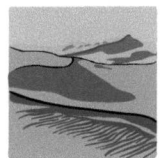

beyaban
desert

volkan
volcà

keleh
castell

keskesor
arc de Sant Martí

kivark
bolet

darqesp
palmera

mixmixk
moscard

mêş
mosca

mêrî
formiga

hing
abella

pîrê
aranya

tebîet - paisatge

15

kêzik

escarabat

beq

granota

sihor

esquirol

jîjok

eriçó

kerguh

llebre

pepûk

òliba

çivîk

ocell

qû

cigne

berazê kovî

senglar

pezkovî

cervo

pezkovî

ant

bendav

presa

tûrbîna ba

turbina

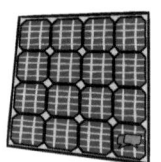

panela xorê

panell solar

av û hewa

clima

xwaringeh
restaurant

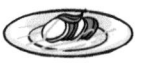

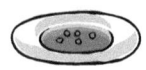

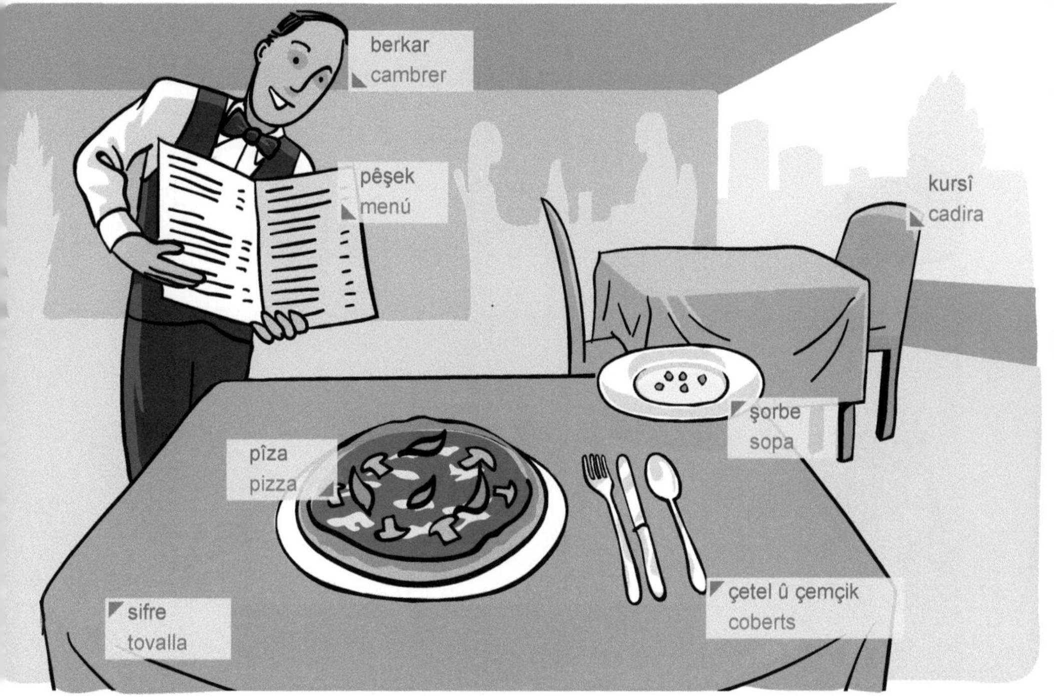

berkar
cambrer
pêşek
menú
kursî
cadira
şorbe
sopa
pîza
pizza
sifre
tovalla
çetel û çemçik
coberts

xwarina destpêk

primer plat

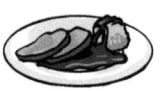

xwarina serekî

plat principal

şêranî

darreries

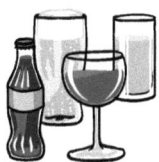

vexwarinan

begudes

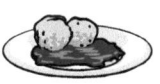

xwarin

menjar

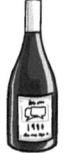

cam

ampolla

xwarina lez

menjar ràpid

xwarina rêyê

menjar de carrer

çaydanik

tetera

qûtî şekirê

sucrer

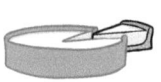

beş

porció

mekîna çêkirinê espresso

màquina d'espresso

kursiya bilînd

trona

hesab

factura

sênî

plata

kêr

ganivet

çetel

forqueta

kevçî

cullera

kevçiya çay

cullereta

pêşgir

tovalló

qedeh

got

teyfik

plat

teyfika şorbe

plat de sopa

piyale

plateret

çênc

salsa

xwêdank

saler

qûtî bîbar

molinet de pebre

sêk

vinagre

rûn

oli

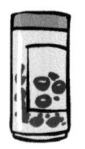

biharat

espècies

ketçap

quètxup

mustard

mostassa

mayonêz

maionesa

bazar

supermercat

pêşkêşên taybet
oferta especial
FOR
mişterî
client
şîremenî
productes lactis
fêkî
fruites
erebe
carret de la compra

BUTCHERS

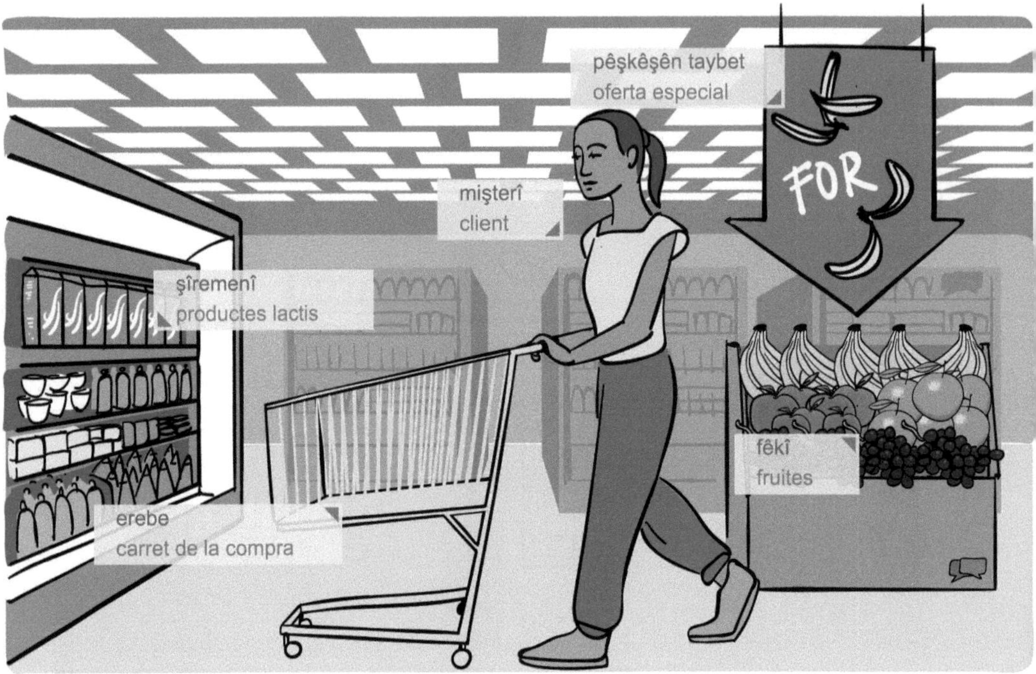

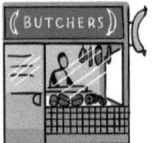

qesabî

carnisseria

BAKERY

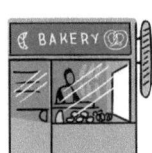

dikana nanpêj

forn de pa

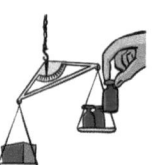

wezin kirin

pesar

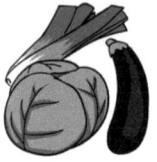

sebze

verdures

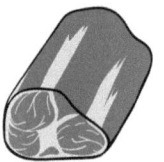

goşt

carn

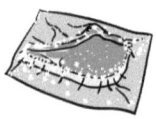

xwarinê cemedî

menjar congelat

goştê sar

carn freda

xwarina pîlê

conserves

xubarê paqijkirinê

detergent en pols

şirînî

dolços

berhemên navxweyî

articles domèstics

berhemên paqijkirinê

productes de neteja

firoşyar

venedora

xeznok

caixa registradora

diravgir

caixera

lîsta kirrînê

llista de la compra

demên vekirî

horari d'obertura

cizdan

portamonedes

kartê qerzê

carta de crèdit

çewal

bossa

çente

bossa de plàstic

av

aigua

şerbet

suc

şîr

llet

komir

coca-cola

şerab

vi

bîra

cervesa

alkol

alcohol

kakwo

cacau

çay

te

qehwe

cafè

espresso

espresso

kapoçîno

cappuccino

moz

banana

sêv

poma

pirteqalî

taronja

gundor

síndria

lîmon

llimona

gêzer

pastanaga

sîr

all

qamir

bambú

pîvaz

ceba

qarçik

bolet

gewîz

avellanes

şihîre

fideus

spagêttî

espaguetis

birinc

arròs

selete

amanida

çîps

patates fregides

peteteya biraştî

patates fregides

pîza

pizza

hamburger

hamburguesa

nanok

entrepà

goştê stûyê berxî

escalopa

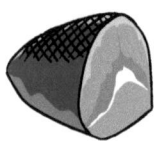

goştê hişkkirî

cuixot

salamê

salami

sosîs

salsitxa

mirîşk

pollastre

bijartin

rostit

masî

peix

şorbe bilûl

flocs de civada

mûslî

musli

kertên gilgilan

cereals

ard

farina

croissant

croissant

semûn

panet

nan

pa

tost

torrada

nanik

bescuits

nivîşk

mantega

mast

mató

kulîçe

pastís

hêk

ou

hêka qelandî

ou fregit

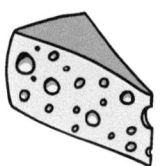

penîr

formatge

dondirme

gelat

şekir

sucre

hingiv

mel

mireba

melmelada

xameya nougat

crema de xocolata

kurrî

curri

cotgeh
granja

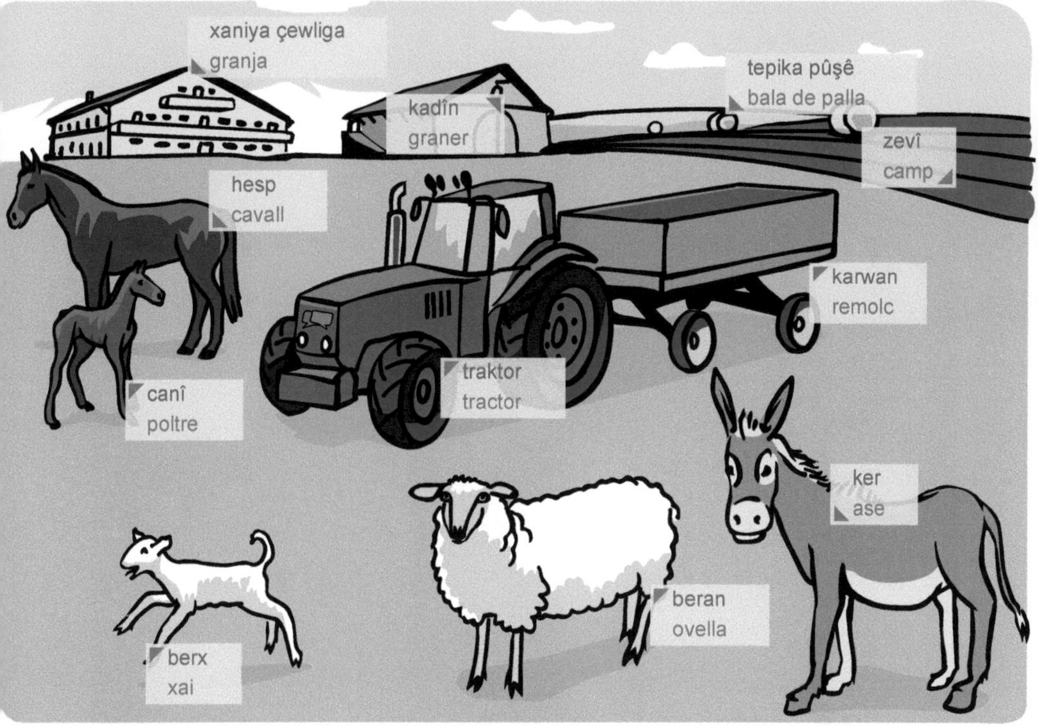
xaniya çewliga
granja
kadîn
graner
tepika pûşê
bala de palla
zevî
camp
hesp
cavall
karwan
remolc
traktor
tractor
canî
poltre
ker
ase
beran
ovella
berx
xai

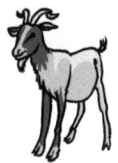

bizin

cabra

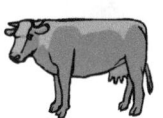

çêlek

vaca

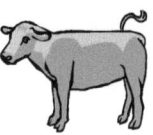

golik

vedella

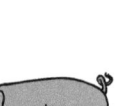

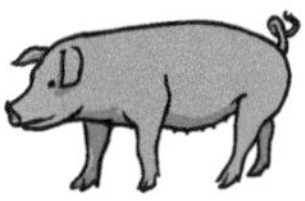

beraz

porc

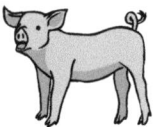

xinzîrk

garrí

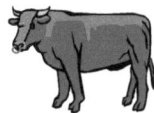

boxe

bou

qaz
oca

miravî
ànec

cûçik
poll

mirîşk
gall

keleşêr
gallina

circ
rata

kitik
gat

mişk
ratolí

ga
bou

kûçik
gos

xaniya kûçikê
gossera

xanî baxê
mànega de regar

qûtîka avdanê
regadora

şalûk
dalla

gasin
arada

das
....
falç

merbêr
....
aixada

darsapik
....
forca

bivir
....
destral

destgere
....
carretó

qûtî xwarina candaran
....
abeurador

qûtî şîr
....
lletera

tûr
....
sac

çeper
....
tanca

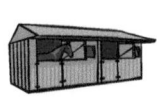

axur
....
establa

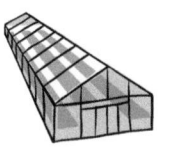

xana kulîlkan
....
hivernacle

ax
....
sòl

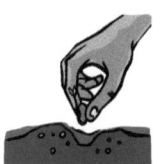

dendik
....
llavor

peyn
....
adob

kombayn
....
collidora

zad

collir

zad

collita

petete

nyam

genim

blat

fasolî

soja

petete

patata

dexl

blat de moro o d'indi

dindik

colza

darê fêkî

arbre fruiter

sêvê bin erdê

mandioca

zad

cereals

xanî

casa

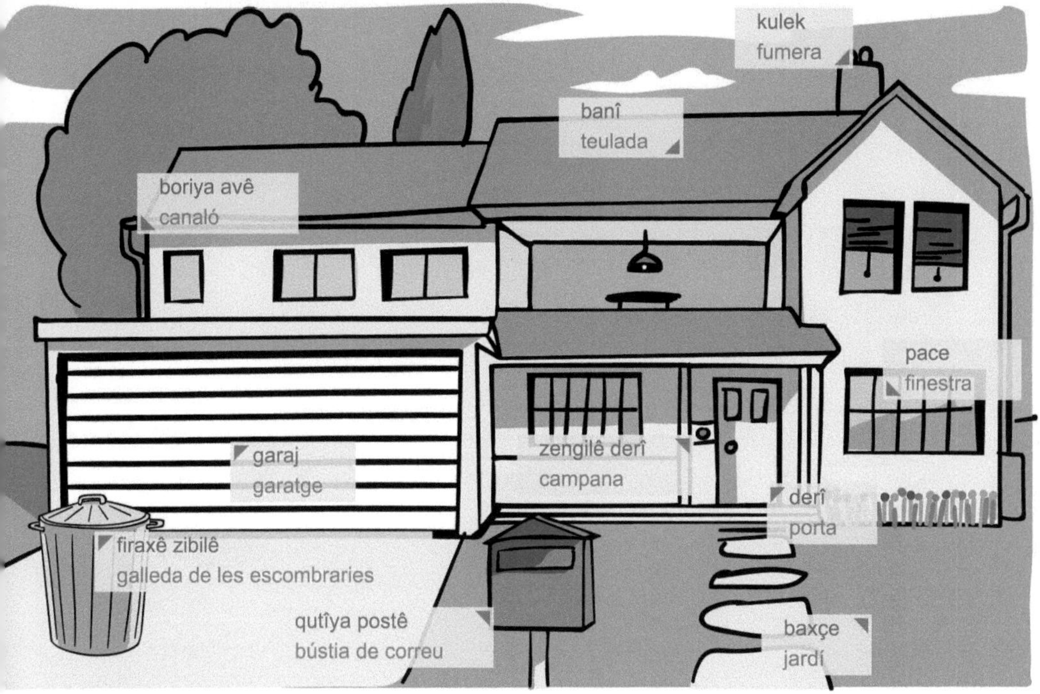

kulek
fumera
banî
teulada
boriya avê
canaló
pace
finestra
garaj
garatge
zengilê derî
campana
derî
porta
firaxê zibilê
galleda de les escombraries
qutîya postê
bústia de correu
baxçe
jardí

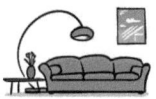

oda rûniştinê

sala d'estar

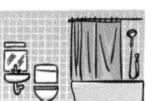

hemam

bany

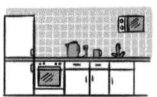

metbex

cuina

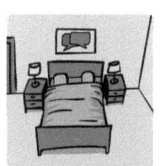

oda xewê

cambra de dormir

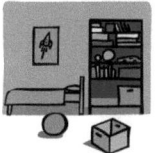

odeya zarok

cambra de nen

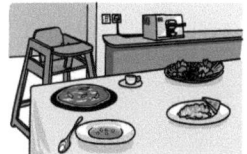

oda şîvê

menjador

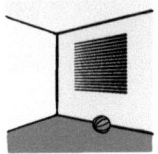

binî
sòl

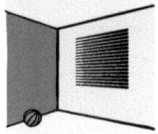

dîwar
paret

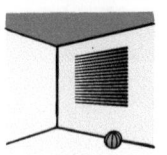

berban
sostre

xenzik
soterrani

sauna
sauna

balkon
balcó

berdanik
terrassa

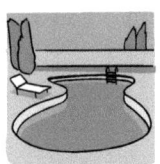

hewza melevanî
piscina

çîmen birr
tallagespa

melhefe
vànova

betanî
cobrellit

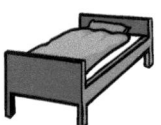

nivîn
llit

gezik
escombra

satil
galleda

kilîl
interruptor

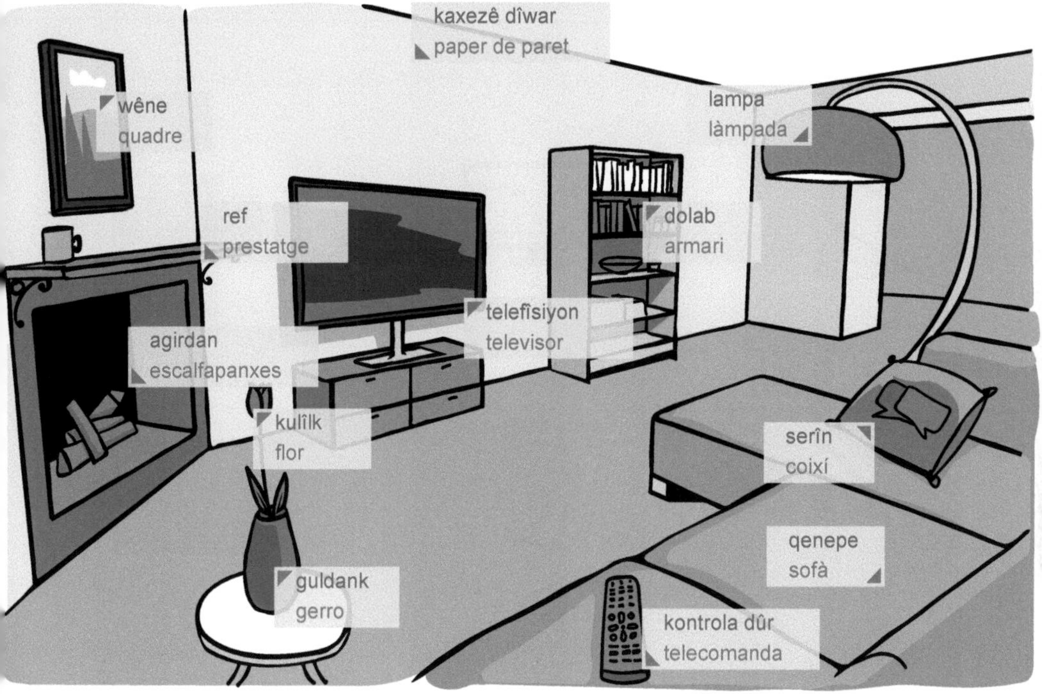

kaxezê dîwar
paper de paret

wêne
quadre

lampa
làmpada

ref
prestatge

dolab
armari

agirdan
escalfapanxes

telefîsiyon
televisor

kulîlk
flor

serîn
coixí

qenepe
sofà

guldank
gerro

kontrola dûr
telecomanda

xalîçe	perde	mêz
catifa	cortina	taula

kursî	kursiya hejanok	kursî
cadira	cadira gronxadora	cadiral

pirtûk

llibre

betanî

llençol

xemilandin

decoració

êzing

llenya

fîlm

film

hi-fi

cadena de música

kilîl

clau

rojname

diari

nîgar

pintura

poster

cartell

radyo

ràdio

defter

bloc de notes

sivnika elektrîkî

aspiradora

kaktûs

cactus

mom

candela

metbex
cuina

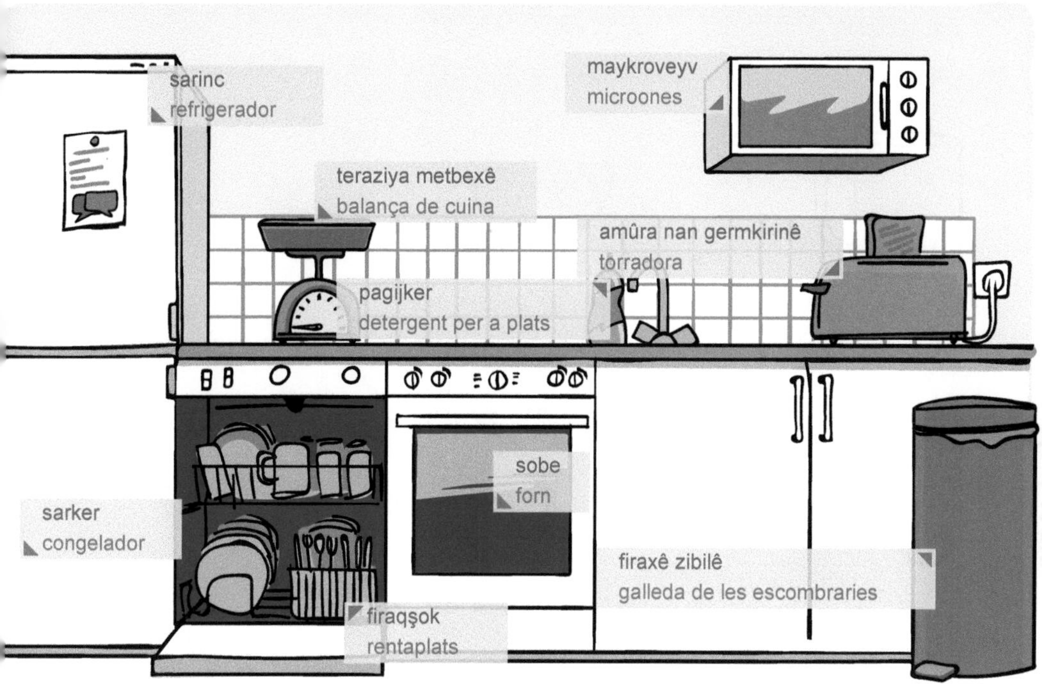

sarinc
refrigerador
maykroveyv
microones
teraziya metbexê
balança de cuina
amûra nan germkirinê
torradora
pagijker
detergent per a plats
sobe
forn
sarker
congelador
firaxê zibilê
galleda de les escombraries
firaqşok
rentaplats

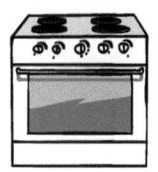

sobe

cuina de fogons

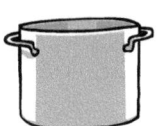

aman

olla

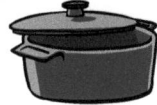

amaê ûtû

olla de ferro colat

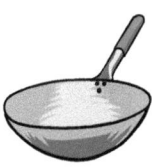

firaqê mezin

wok / karahi

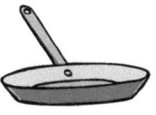

dîzik

paella

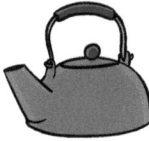

kelînk

bullidor

firaqê hilmê

olla de vapor

sênî nanê

plata de forn

firaq

vaixella

piyale

tassa grossa

kasik

bol

darê nanxwarin

bastonets xinesos

hesk

culler

kevçiya mezin

espàtula

rînek

batedor

kefgîr

colador

bêjing

sedàs

rêşker

ratllador

destar

morter

biraştin

barbacoa

agirê vala

foc a terra

texteya birrînê

taula de tallar

darikê tîrê

corró

devik badek

llevataps

qûtî

pot de conserva

qûtîvekir

obridor

cawê amanan

agafador

destşo

aigüera

firçe

raspall

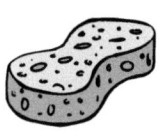

parazoa

esponja

tevdêr

batedora

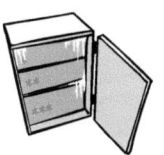

sarkerê cemedî

congelador

şûşe bebikan

biberó

henefî

aixeta

hemam

bany

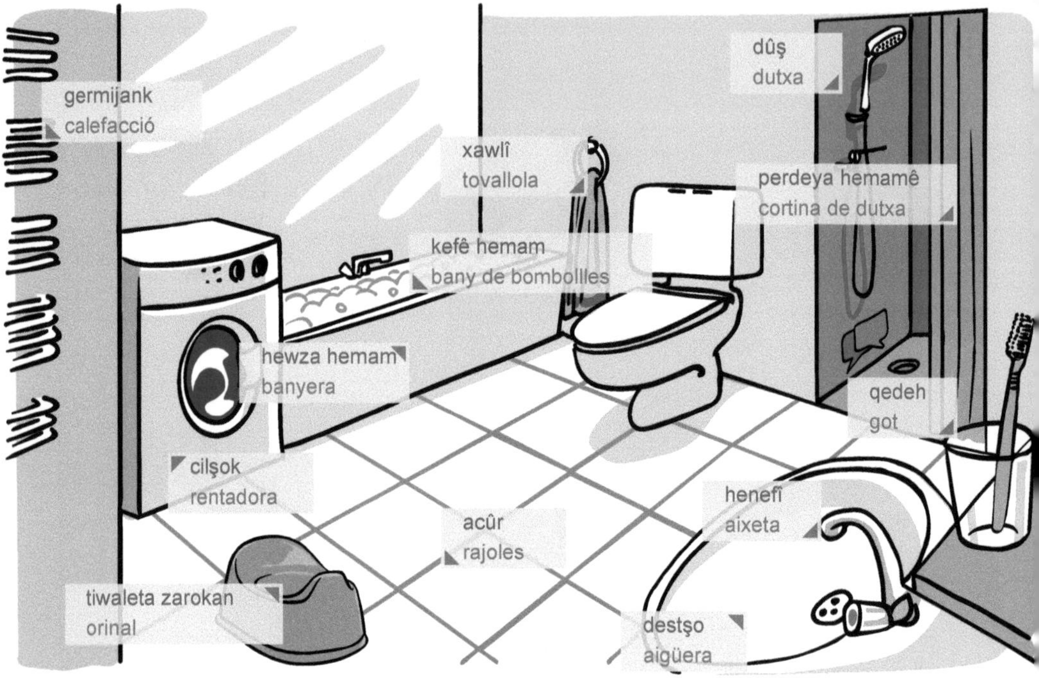

dûş
dutxa
germijank
calefacció
xawlî
tovallola
perdeya hemamê
cortina de dutxa
kefê hemam
bany de bombolles
hewza hemam
banyera
qedeh
got
cilşok
rentadora
henefî
aixeta
acûr
rajoles
tiwaleta zarokan
orinal
destşo
aigüera

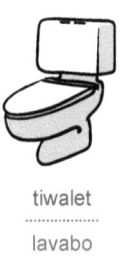

tiwalet
lavabo

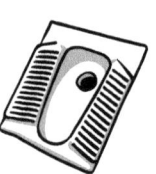

tiwaleta erdê
lavabo turc

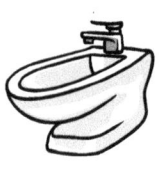

tiwalet
bidet

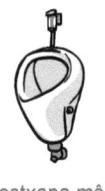

avdestxana mêran
orinador

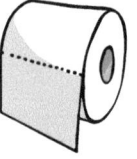

kaxeza tiwalet
paper higiènic

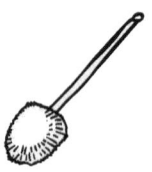

firşeya tiwalet
escombreta de sanitari

firçeya diran

raspall de dents

mecûna diran

pasta de dents

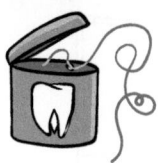

nexa didan

fil dental

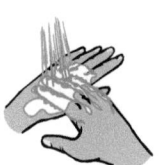

şûştin

rentar

dûşê destê

pom de dutxa

dûş

dutxa íntima

destşo

rentamans

firça pişt

raspall per a l'esquena

sabûn

sabó

cêlê hemam

gel de dutxa

şampo

xampú

fanîle

manyopla de bany

zêrab

bonera

kirêm

crema

bêhn xweşkir

desodorant

mirêk

mirall

mirêka destê

mirall-espill de mà

gûzan

maquineta de rasar

kefê teraşînê

espuma de barbejar

mecûna piştî teraşînê

loció post-rasada

şeh

pinta

firçe

raspall

por hîşikkir

eixugador

sipraya porê

laca

kozmetîk

maquillatge

soravk

pintallavis

rengê nînok

esmalt d'ungles

pembû

cotó

meqesta nînok

tallaungles

parfûm

perfum

çewalê hemamê

estoig de bellesa

kursiya bêpişt

tamboret

terazî

bàscula

kinca hemamê

barnús

lepika lastîkê

guants de goma

tampon

compresa higiènica

xawliya paqijkirinê

compresa

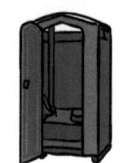

tiwaleta kîmîyewî

sanitari químic

odeya zarok
cambra de nen

demjimêrk
despertador
lîstok
animal de peluix
maşîna lîstok
auto de joguina
xişxişok
sonall
mala lîstok
casa de nines
xelat
present

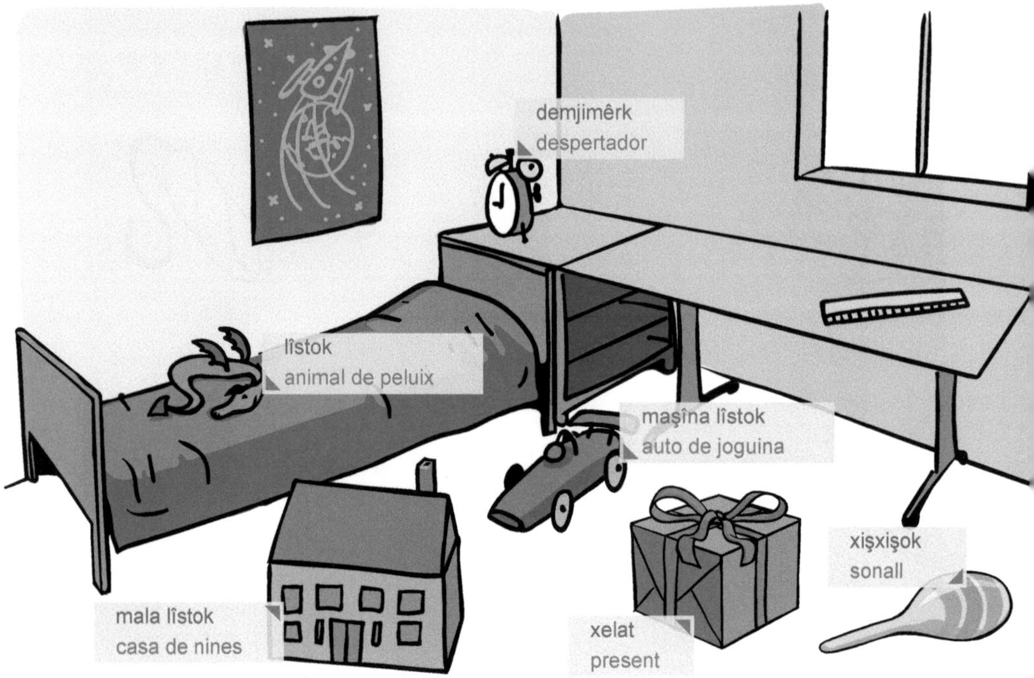

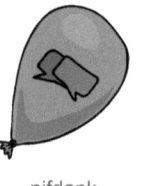

pifdank
baló

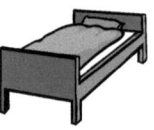

nivîn
llit

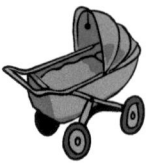

koçk
cotxet per a nens

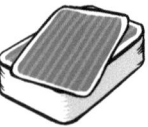

lîstika kartê
joc de cartes

frîzbî
trencaclosca

SUPER
MEGA

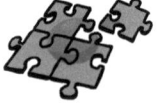

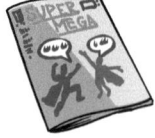

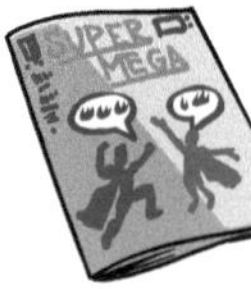

komîk
historieta

acûra lêgo

peces de lego

acûra lîstok

peces de construcció

bûke şûşe

ninot d'acció

kinca bebikan

granota

frizbee

frisbee

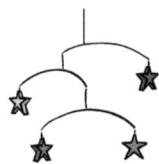

veguhestin

mòbil per a bressol

lîstikên texte

joc de taula

mor

daus

modêla trênê

tren elèctric

memik

xumet

cejn

festa

kitêba wêne

llibre de dibuixos

top

pilota

bûke şûşe

nina

leyîstin

jugar

kuna xîzê

sorrera

colane

gronxador

lîstokan

joguines

lîstika vîdeoyî

consola de jocs de vídeo

sêçerxe

tricicle

hirça lîstok

osset de peluix

cildank

armari

kinc

roba

gore

mitjons

gore

mitges

derpêgorê

mitja pantaló

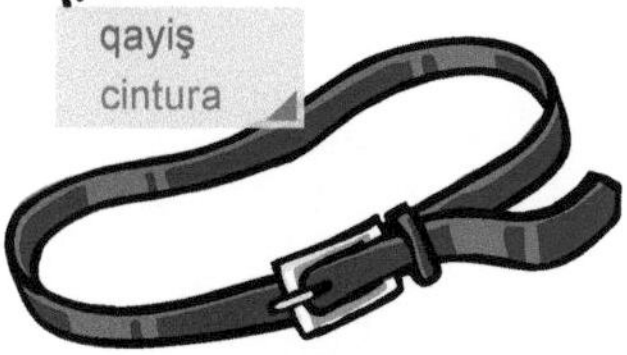

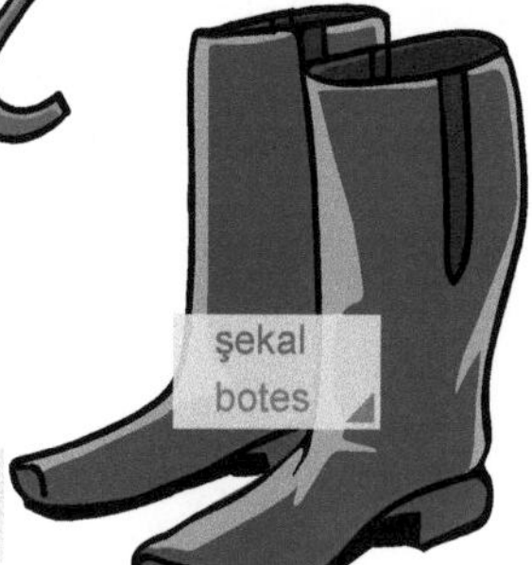

şal
tapacoll

çetir
paraigua

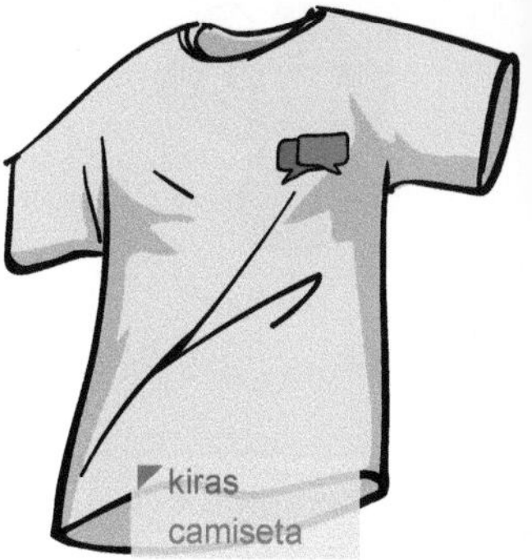

qayiş
cintura

kiras
camiseta

şekal
botes

pêlavê nav malê
plantofes

pêlav
sabates d'esport

solik
···············
sandàlies

sol
···············
sabates

potîna çermê
···············
botes de goma

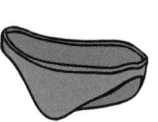

pantolê jêr
···············
calçonets

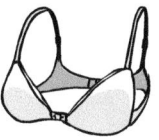

pêsîrbend
···············
sostenidor

çekbend
···············
guardapits

cendek

jjustacòs

pantol

pantalons

jeans

jeans

daman

faldeta

kiras

brusa

kiras

camisa

fanêle

jersei

fanêle

dessuadora

cakêt

blazer

sako

jaqueta

çaket

mantell

baranî

impermeable

lebas

vestit de dona

fîstan

vestit de dona

cilê dawetê

vestit de núvia

kostum

vestit d'home

pêcame

camisa de dormir

pêcame

pijama

saree

sari

leçik

mocador de cap

mêzer

turbant

hêram

burca

kaftan

caftan

eba

abaia

kinca ajnêkirin

vestit de bany

cilka melevanî

calçon(et)s de bany

şort

pantalons curts

cila hêvojkarî

xandall

pêşmal

davantal

lepik

guants

dûgme

botó

berçavik

ulleres

bazin

braçalet

gerdenî

collaret

gustîl

anell

guhark

orellera

devik

casquet

hilavistek

penjador

kûm

capell

kirawat

corbata

zîp

cremallera

serparêz

casc

derzî

elàstics

kinca dibistanê

uniforme escolar

yûnîform

uniforme

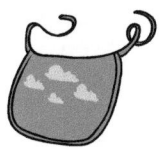

berdilk

pitet

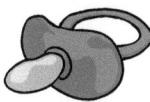

memik

xumet

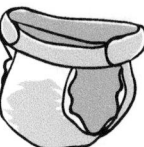

pundax

bolquer

ofîs

oficina

pêşkeşker
servidor
dolabê belge
armari arxivador
çaper
impressora
kaxez
paper
nîşander
monitor
mase
escriptori
mişk
ratolí
defter
arxivador
klavye
teclat
sepeta kaxezê
paperera
kursî
cadira
komputer
ordinador

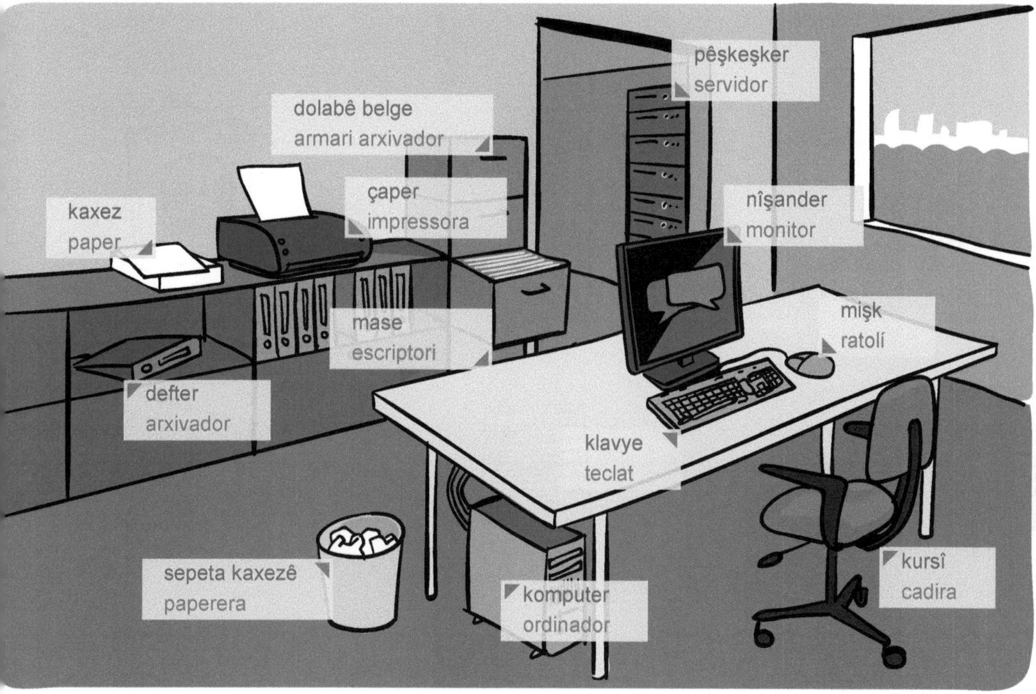

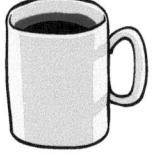

kasika qehwe

tassa de cafè

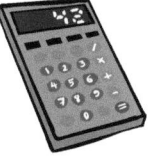

hesabker

calculadora

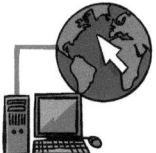

înternet

Internet

komputera laptop

ordinador portàtil

name

lletra

peyam

missatge

telefona mobîl

mòbil

tor

xarxa

mekîna fotokopî

fotocopiadora

software

programari

telefon

telèfon

socketa fîşek

presa de corrent

mekîna faxê

fax

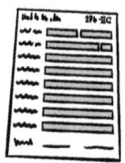

form

formulari

belge

document

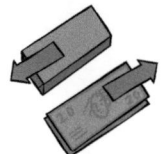

standin

comprar

pere dan

pagar

bazirganî

comerciar

pere

diners

dollar

dòlar

yoro

euro

yenê Japonê

ien

roblê Rûsî

ruble

firankê Swîsê

franc suís

yuanê Çînê

renminbi

rûpee Hindî

rupia

mekîna jixwebera dirav

caixa automàtica

ofîsa pere veguhartinê

oficina de canvi

zêrr

or

zîv

argent

neft

petroli

wize

energia

biha

preu

peyman

contracte

tax

impost

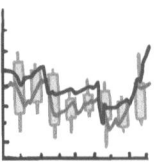

seham

acció

karkirin

treballar

karker

treballador

karda

empresari

fabrîka

fàbrica

dikan

botiga

profesyon

oficis

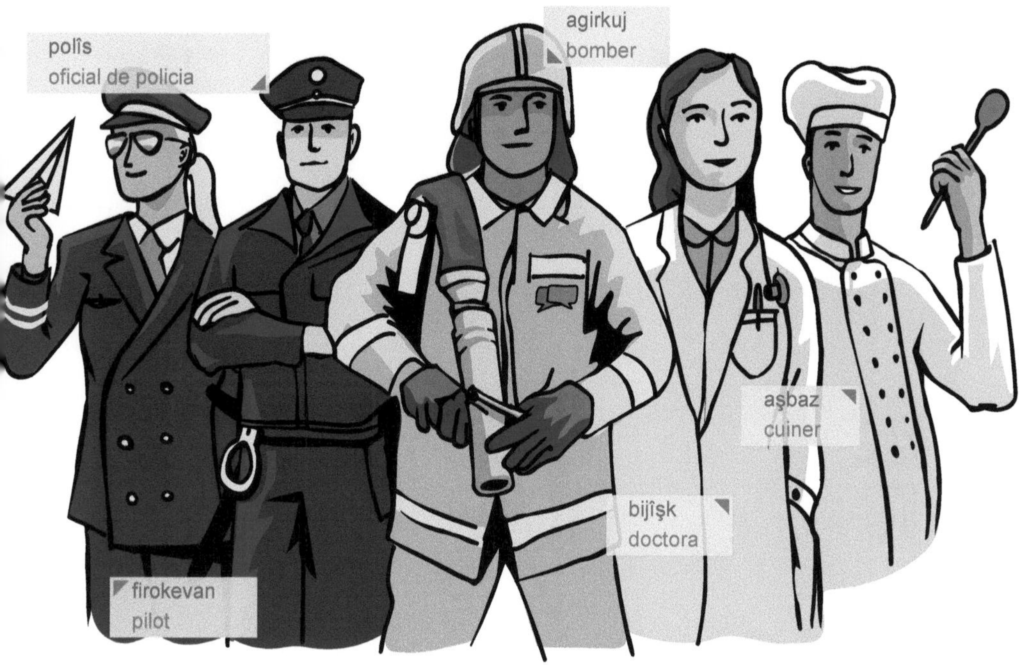

polîs
oficial de policia
agirkuj
bomber
aşbaz
cuiner
bijîşk
doctora
firokevan
pilot

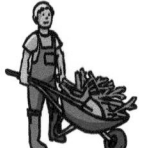

baxçevan
jardiner

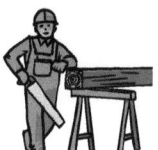

necar
fuster

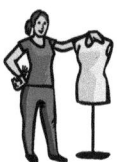

dirûnvan
costurera

hakim
jutge

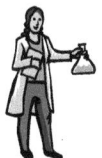

şîmyazan
química

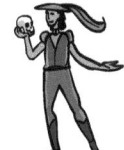

şanoger
actor

şufêrê basê

conductor d'autobús

şufêrekî taksiyê

taxista

masîvan

pescador

pagijker

dona de la neteja

çêkirê banî

ensostrador

berkar

cambrer

nêçirvan

caçador

rengrês

pintor

nanpêj

forner

karebavan

electricista

avaker

obrer de la construcció

endezyar

enginyer

qesab

carnisser

lûlekar

llanterner

postevan

correu

esker

soldat

mîmar

arquitecte

diravgir

caixera

firotkara çîçekan

florista

porçêker

perruquer

ajovan

revisor

mekanîk

mecànic

keştîvan

capità

pizîşka didanan

dentista

zanistyar

científic

rûhan

rabí

îmam

imam

keşe

monjo

keşîş

capellà

amûran

eines

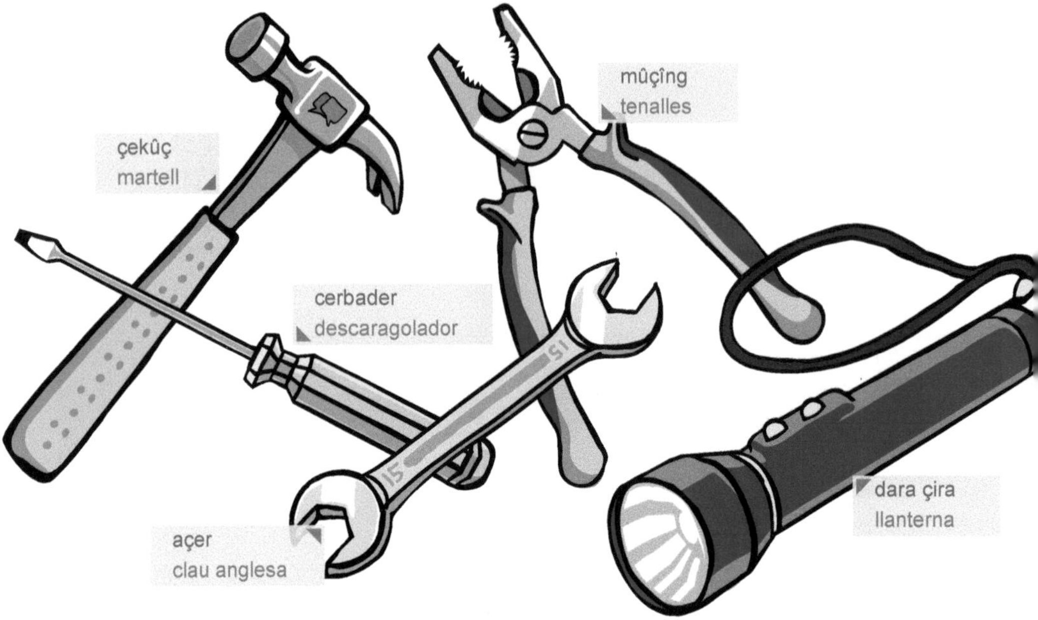
mûçîng
tenalles
çekûç
martell
cerbader
descaragolador
dara çira
llanterna
açer
clau anglesa

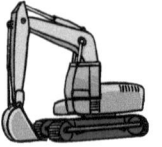

şofel

excavadora

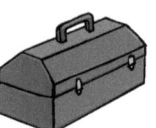

qûtiya amûran

caixa d'eines

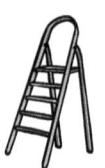

peyje

escala

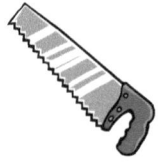

mişar

serra

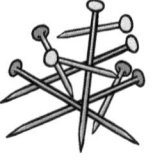

mîx

claus

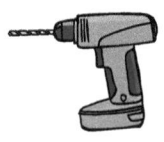

qulkirin

trepant

çêkirin

reparar

merbêr

pala

nalet!

Maleït siga!

bêl

pala

qûtiya rengê

pot de pintura

cerr

caragols

amûrên mûzîkê
instrument de música

bilîndgo
altaveu

komê dehol
bateria

gîtar
guitarra

dû bas
contrabaix

zirna
trompeta

piyano

piano

viyolîn

violí

bas

baix

dehol

timbal

dahol

tambor

keyboard

teclat

saksofon

saxofon

bilûr

flauta

mîkrofon

micròfon

amûrên mûzîkê - instrument de música

baxça heywanan

zoo

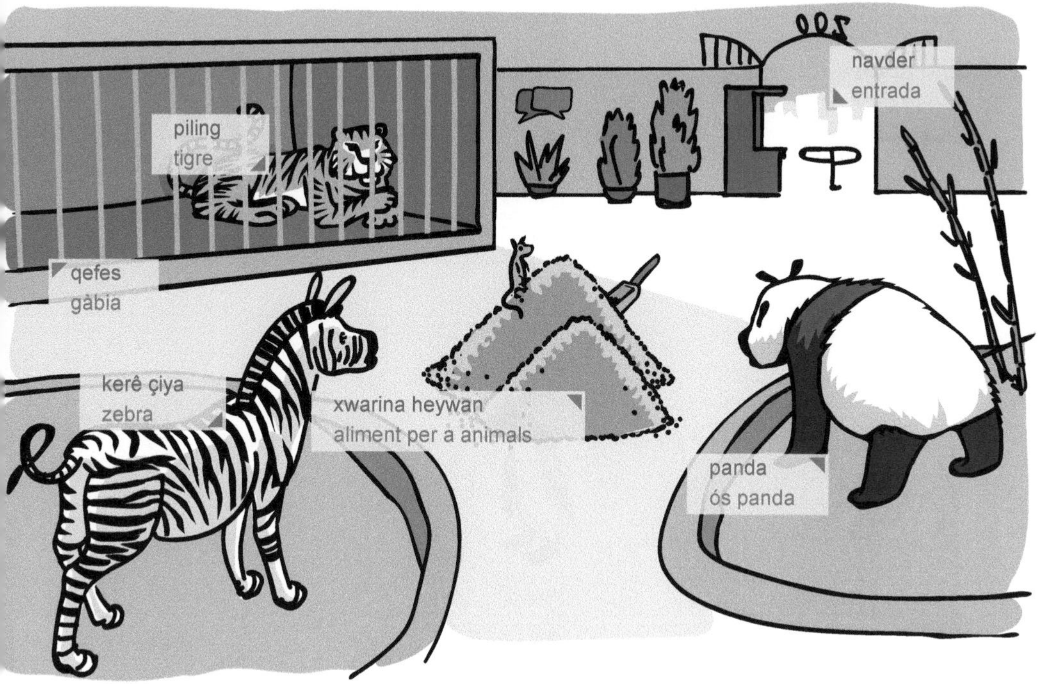

navder
entrada
piling
tigre
qefes
gàbia
kerê çiya
zebra
xwarina heywan
aliment per a animals
panda
ós panda

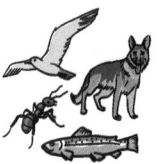

heywan

animals

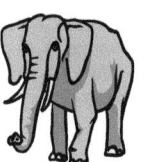

fîl

elefant

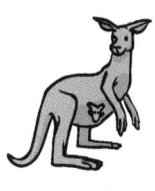

kangarû

cangurú

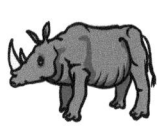

kerkeden

rinoceront

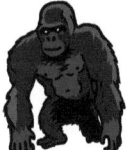

gorîl

goril·la

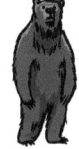

hirç

ós

hêştir

camell

hêştirme

estruç

şêr

lleó

meymûn

simi

flamîngo

flamenc

papaxan

papagai

hirça cemserî

ós polar

penguîn

pingüí

semasî

ca mari

tawûs

paó

mar

serp

timsah

cocodril

parêzera baxça ajalan

guardià del zoo

seya derya

foca

piling

jaguar

hesp

poni

piling

lleopard

hespê rûbar

hipopòtam

canhêştir

girafa

helo

àliga

berazê kovî

senglar

masî

peix

kûsî

tortuga

walras

morsa

rovî

guineu

xezal

gasela

fûtbolê Amerîka
futbol americà

bisiklêtan
ciclisme

tenîs
tenis

basketbol
bàsquet

avjenîkirin
natació

boxing
boxa

hokeya ser cemedê
hoquei sobre gel

fûtbol	badminton	yê atletîzmê
futbol americà	bàdminton	atletisme

hendbol	befirajotin	polo
handbol	esquí	polo

kenîn
riure

hilpeke
saltar

hembêz
abraçar

birêveçûn
anar

lawje gutin
cantar

xewn dîtin
somiar

nimêj kirin
pregar

maçkirin
fer un petó

nivîsandin
escriure

nîgar kêşan
dibuixar

nîşan dan
mostrar

paldan
pitjar

dayîn
donar

rakirin
prendre

heyîn

tenir

kirin

fer

bûn

ésser

sekinîn

estar dret

bazdan

córrer

kişandin

estirar

avêtin

llançar

ketin

caure

derew kirin

jeure

sekinîn

esperar

guhêztin

portar

rûniştin

asseure's

cil berkirin

vestir-se

razan

dormir

rabûn

despertar-se

mêze kirin

mirar

girîn

plorar

celte

amoixar

şe kirin

pentinar

peyvîn

parlar

famkirin

comprendre

pirskirin

demanar

bihîstin

escoltar

vexwarin

beure

xwarin

menjar

kom kirin

endreçar

hezkirin

estimar

xwarin çêkirin

cuinar

ajotin

conduir

firrîn

volar

kesştîvanî

navegar

hesibandin

calcular

xwandin

llegir

hînbûn

aprendre

karkirin

treballar

zewicîn

casar-se

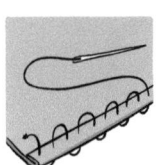

dirûtin

cosir

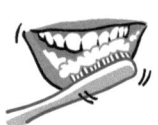

didan şûtin

raspallar-se les dents

kuştin

matar

dûxan

fumar

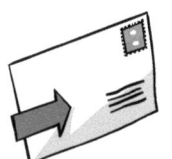

şandin

enviar

dapîr
àvia

bapîr
avi

bav
pare

dê
mare

bebek
nadó

keç
filla

kur
fill

mêvan
....
convidat

met
....
tia

ap/xal
....
oncle

bira
....
germà

xwişl
....
germana

beden

cos

enî
front
çav
ull
mil
espatlla
tilî
dit
rû
cara
zenî
barbeta
dest
mà
ling
cama
sîng
pit
pîl
braç

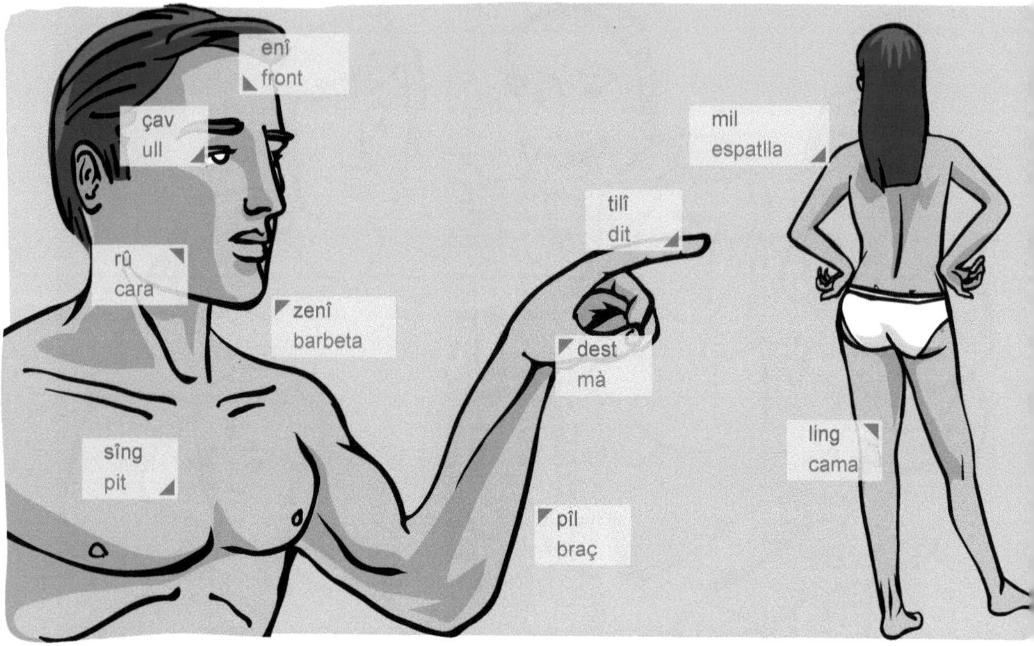

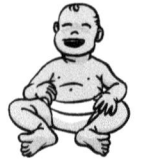

bebek
nadó

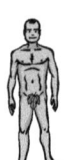

mêr
home

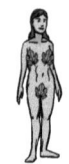

jin
dona

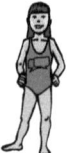

keç
noia

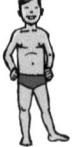

kor
noi

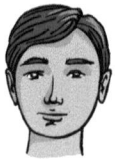

ser
cap

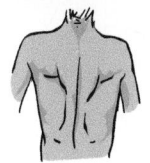

pişt

esquena

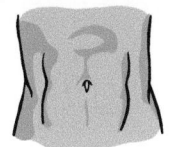

zik

panxa

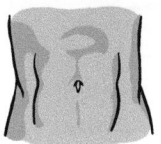

navik

melic

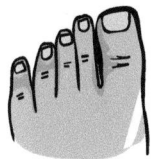

tilîya pê

dit gros del peu

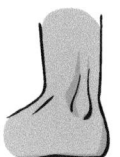

panî

taló

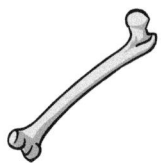

hestî

os

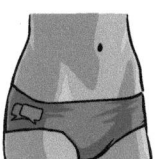

kûlîmek

maluc

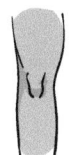

jûnî

genoll

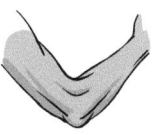

enîşk

colze

difn

nas

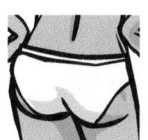

qûn

cul

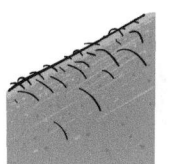

çerm

pell

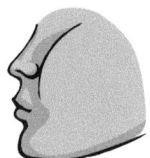

rû

galta

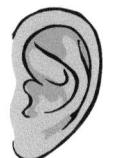

gûh

orella

lêv

llavi

dev

boca

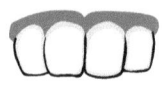

diran

dent

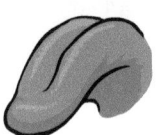

ziman

llengua

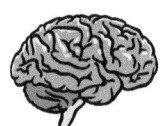

mêjî

cervell

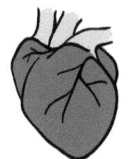

dil

cor

masûl

múscul

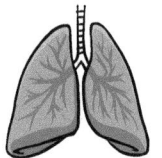

cîgera spî

pulmó

ceger

fetge

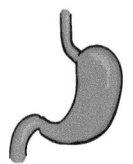

made

estómac

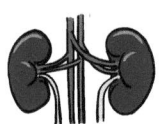

gûrçikan

ronyó

cotbûn

relació sexual

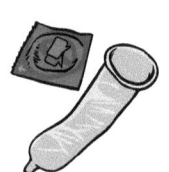

kondom

preservatiu

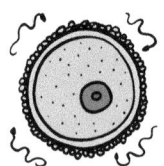

hêk

ovari

tov

semen

dûcanî

prenyat

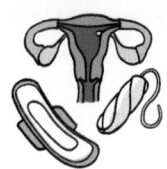

ade

menstruació

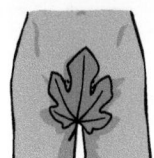

qûz

vagina

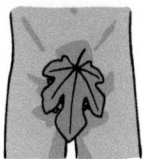

kîr

penis

birû

cella

por

cabells

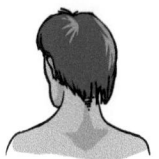

hûstû

coll

nexweşxane
hospital

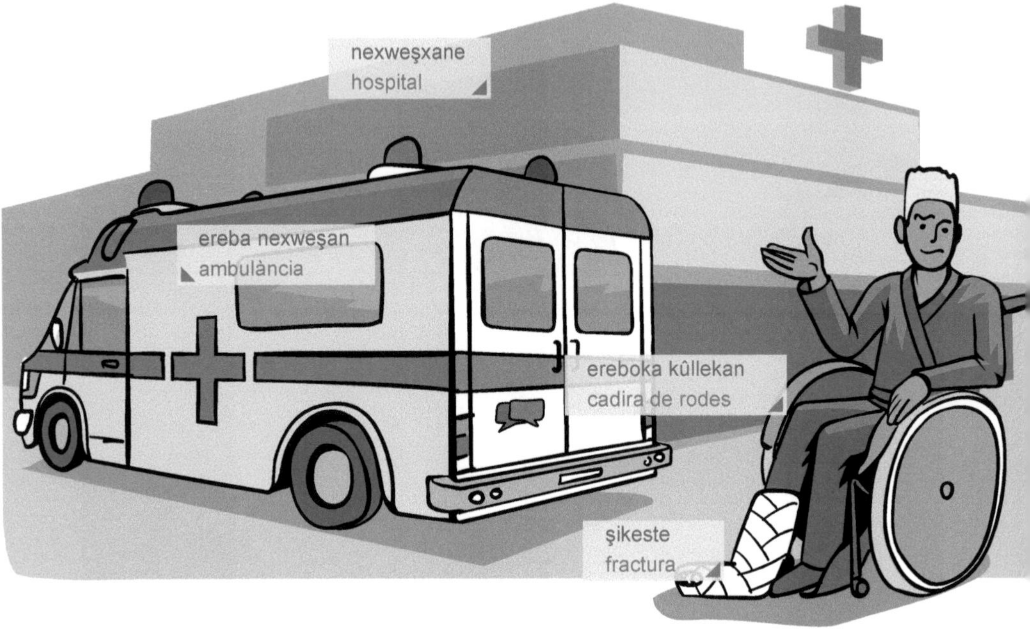

nexweşxane
hospital
ereba nexweşan
ambulància
ereboka kûllekan
cadira de rodes
şikeste
fractura

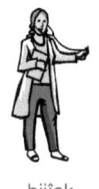

bijîşk
doctora

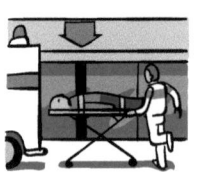

oda lezgînê
sala d'urgències

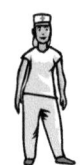

nexweşyar
infermera

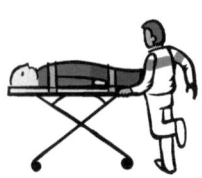

acîlîyet
urgència

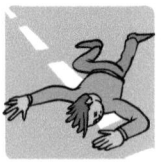

bêhay
inconscient

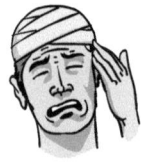

êş
dolor

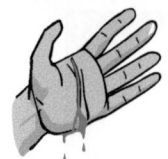

birîn
ferida

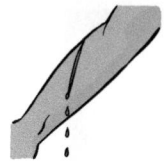

xwînpijan
sagnament

hêrişa dilî
atac de cor

celte
apoplexia

alerjî
al·lèrgia

kuxik
tos

ta
febre

zikam
gripa

navçûyin
diarrea

serêş
mal de cap

qansêr
càncer

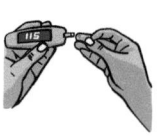

nexweşiya şekirê
diabetis

emelîkar
cirurgià

skalpêl
escalpel

emelî
operació

CT

tomografia computada (TC), TAC

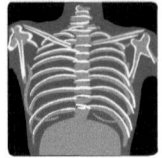

sûretê rontgên

raigs x

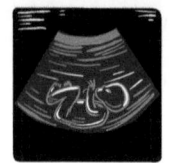

ûltrasawnd

ultrasò

maskê rûyê

mascareta

nexweşî

malaltia

oda sekinînê

sala d'espera

goçan

crossa

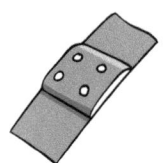

şêl

tireta

paçê birînpêçanê

embenat

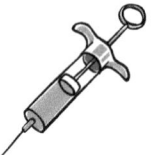

derzî

injecció

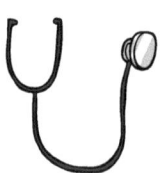

bîstoka pizîşkî

estetoscopi

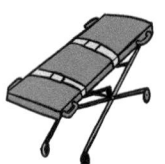

darbest

llitera

têhnpîva klînîkê

termòmetre clínic

zayîn

pariment

qelew

sobrepès

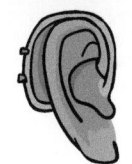

alîkariya bihîstinê

aparell auditiu

bakterîkuj

desinfectant

kotîbûn

infecció

vîrûs

virus

HIV / AIDS

VIH / SIDA

derman

medicina

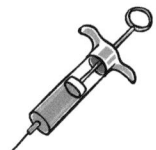

kutan

vaccí

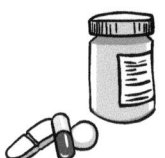

heban

comprimits

heb

píl·lola

lezgîn

trucada d'urgència

dîmenderê pesto xwîn

tensiòmetre

nexweş / sax

malalt / sà

Hewar!
Socors!

alarm
alarma

êrîş
assalt

êrîşkirin
atac

talûk
perill

derketina acil
sortida-eixida d'urgència

agir!
Foc!

agir vemirandinê
extintor

qeza
accident

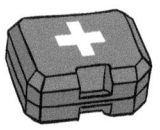

aletên alîkariya yekem
farmaciola de primers auxilis

SOS
SOS

polîs
policia

Ewropa

Europa

Amerîkaya Bakûr

Amèrica del Nord

Amerîkaya Başûr

Amèrica del Sud

Afrîka

Àfrica

Asya

Àsia

Awustralya

Austràlia

Atlantîk

Atlàntic

Okyanûsa Mezin

Pacífic

Okyanûsa Hindî

Oceà Índic

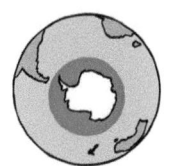

Okyanûsa Antarktîka

Oceà Antàrtic

Okyanûsa Arktîk

Oceà Àrtic

Cemsera Bakûr

pol nord

Cemsera Başûr

pol sud

Antarktîka

Antàrtida

erd

terra

ax

país

behir

mar

dûrge

illa

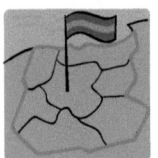

milllet

nació

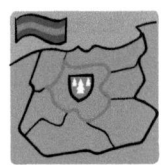

welat

estat

rûyê saet

quadrant

nişanderka demjimêr

agulla de les hores

nişanderka deqe

agulla dels minuts

nişanderka saniye

agulla dels segons

Seet çende?

Quina hora és?

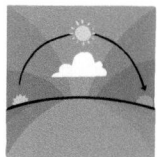

roj

dia

dem

temps

niha

ara

saetê dicîtal

rellotge digital

deqe

minut

seet

hora

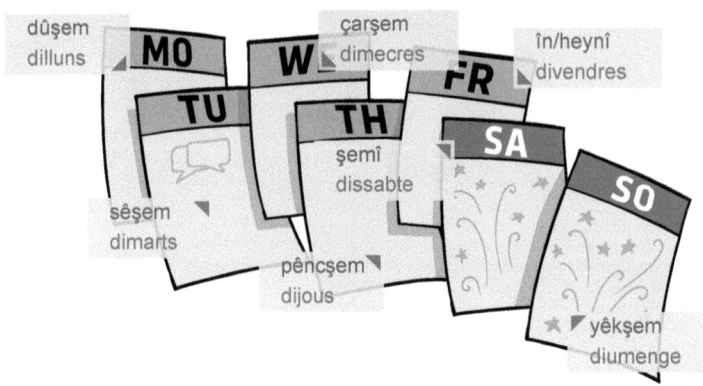

dûşem / dilluns — MO
çarşem / dimecres — W
în/heynî / divendres — FR
TU
TH
şemî / dissabte
SA
SO
sêşem / dimarts
pêncşem / dijous
yêkşem / diumenge

duh
ahir

îro
avui

sibey
demà

sibe
matí

nîvro
migdia

êvar
tarda

MO	TU	WE	TH	FR	SA	SU
1	2	3	4	5	6	7
8	9	10	11	12	13	14
15	16	17	18	19	20	21
22	23	24	25	26	27	28
29	30	31	1	2	3	4

rojên karê
dia feiner

MO	TU	WE	TH	FR	SA	SU
1	2	3	4	5	6	7
8	9	10	11	12	13	14
15	16	17	18	19	20	21
22	23	24	25	26	27	28
29	30	31	1	2	3	4

dawiya hefte
cap de setmana

sal

any

baran
pluja
keskesor
arc de Sant Martí
befir
neu
ba
vent
bihar
primavera
payîz
tardor
havîn
estiu
zivistan
hivern

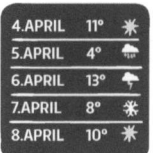

4.APRIL 11°
5.APRIL 4°
6.APRIL 13°
7.APRIL 8°
8.APRIL 10°

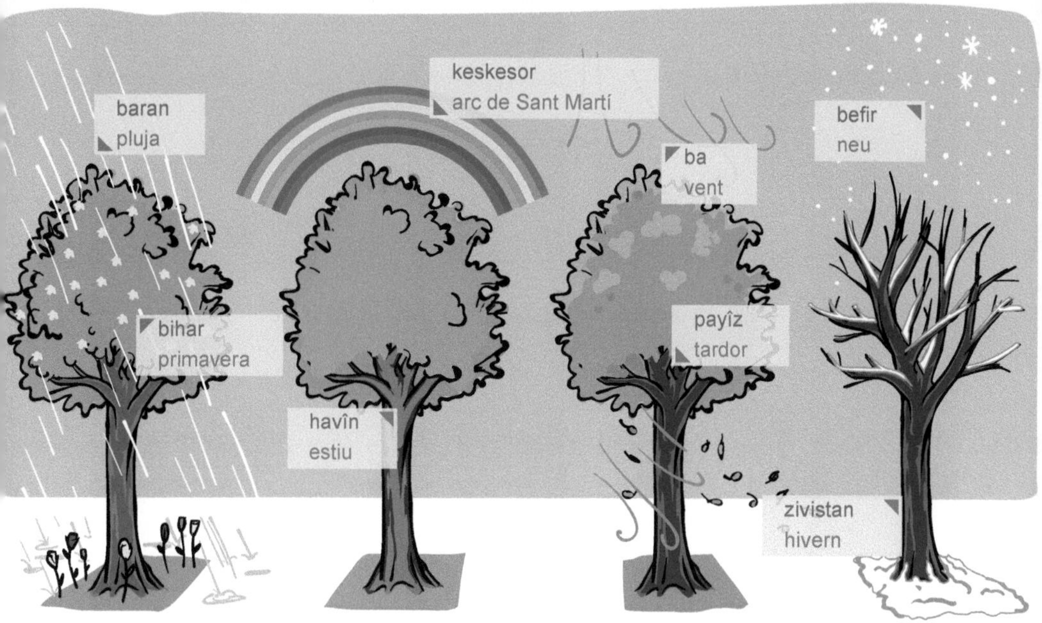

pêşbîniya hewa

pronòstic del temps

F C
120 40
90 30
60 20
30 10
0 0
-30 -10
-20

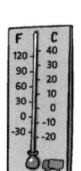

tehnpîv

termòmetre

tav

llum del sol

hewr

núvol

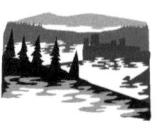

mij

boira

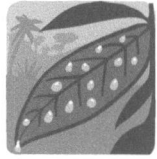

hêmî

humiditat de l'aire

birq

llamp

brûsk

tro

tofan

tempesta

terg

calamarsa

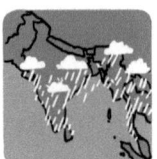

mansûn

monsó

lehî

inundació

cemed

gel

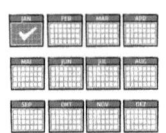

rêbendan

gener

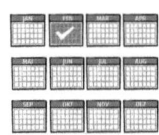

reşeme

febrer

newroz

març

gulan

abril

cozerdan

maig

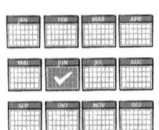

pûşper

juny

gelawêj

juliol

xermanan

agost

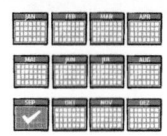

rezber
....
setembre

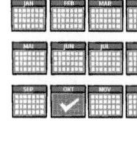

kewçêr
....
octubre

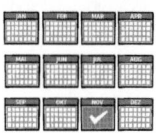

sermawez
....
novembre

befranbar
....
desembre

çember
....
cercle

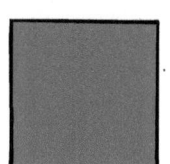

çarçik
....
quadrat

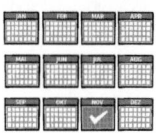

çarqozî
....
rectangle

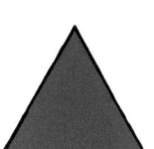

sêqozî
....
triangle

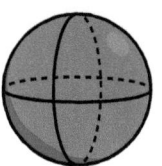

qada
....
esfera

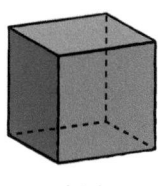

xiştek
....
cub

sipî

blanc

zer

groc

pirteqalî

taronja

pembe

rosa

sor

vermell

mor

lila

şîn

blau

kesik

verd

qehweyî

marró

gewr

gris

reş

negre

zor / kêm

molt / poc

bi hêrs / bêdeng

emprenyat / tranquil

bedew / nerind

bonic / lleig

destpêk / dawî

començament / fi

mezin / biçûk

gran / petit

ronî / tarî

clar / fosc

brak / xwişk

germà / germana

pagij / girêj

net / brut

tevî / netemam

complet / incomplet

roj / şev

dia / nit

mirî / zindî

mort / viu

fire / teng

ample / estret

xweş / nexweş

comestible / immenjable

nebaş / baş

dolent / amable

bi heyecan / aciz

entusiasmat / entediat

qelew / zirav

gros / prim

yekemîn / dawîn

primer / darrer

heval / dijmin

amic / enemic

tijî / vala

ple / buit

req / nerm

dur / tou

giran / sivik

pesant / lleuger

birçî / tînî

gana / set

nexweş / sax

malalt / sà

neqanûnî / qanûnî

il·legal / legal

rewşenbîr / balûle

intel·ligent / ximple

çep / rast

esquerra / dreta

nêzî / dûr

prop / llunyà

nû / bikarhatî

nou / usat

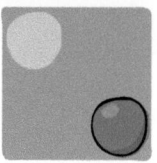

hîç / tiştek

res / quelcom

kal / ciwan

vell / jove

li / ji

encès / apagat

vekirî / girtî

obert / tancat

aram / dengbilind

silenciós / sorollós

dewlemend / reben

ric / pobre

rast / şaş

correcte / incorrecte

dirr / hilû

aspre / suau

xemgîn / şa

trist / content

kurt / dirêj

curt / llarg

hêdî / zû

lent / ràpid

şil / ziwa

humit / sec - eixut

germ / hênik

calent / fred

şerr / aşitî

guerra / pau

0

sifir

zero

1

yek

u

2

dû

dos

3

sê

tres

4

çar

quatre

5

pênc

cinc

6

şeş

sis

7

heft

set

8

heşt

vuit

9

neh

nou

10

deh

deu

11

yazde

onze

12

dazde

dotze

13

sêzde

tretze

14

çarde

catorze

15

pazde

quinze

16

şazde

setze

17

hefde

disset

18

hejde

divuit

19

nozdeh

dinou

20

bîst

vint

100

sed

cent

1.000

hezar

mil

1.000.000

milyon

milió

Inglîzî

anglès

Inglîziya Amerîkî

anglès americà

Çînî Mandarîn

xinès mandarí

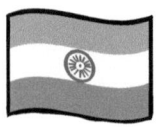

Hindî

hindi

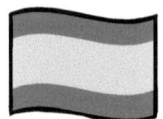

Îspanyolî

espanyol

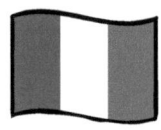

Frensî

francès

Erebî

àrab

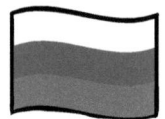

Rûsî

rus

Portugalî

portuguès

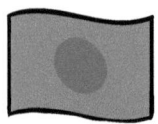

Bengalî

bengalí

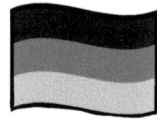

Elmanî

alemany

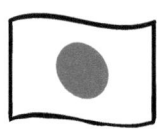

Japonî

japonès

min
jo

tu
tu

ew / ev / ew
ell / ella / allò

em
nosaltres

tu
vosaltres

ew
ells

kî?
qui?

çi?
què?

çawa?
com?

kû?
on?

kengî?
quan?

nav
nom

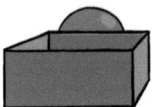

piştî

darrere

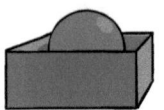

li

en

pêşî

davant de

ser

damunt

ser

sobre

bin

sota

kêlek

al costat

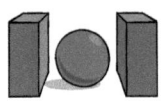

navber

entre

cih

lloc